27
Ln 1641 5.

NOTICE

HISTORIQUE

SUR

LA VIE ET LES OUVRAGES

DE GERMAIN POIRIER,

Membre de la Classe d'histoire et de littérature ancienne de l'Institut national ;

PAR LE C.^{en} DACIER,

Secrétaire perpétuel de la Classe.

Lue dans la séance publique du vendredi 2 Germinal an 12.

———————

A PARIS,

DE L'IMPRIMERIE DE LA RÉPUBLIQUE.

An XII = 1804 (v. st.).

NOTICE HISTORIQUE

SUR LA VIE ET LES OUVRAGES

DE GERMAIN POIRIER.

GERMAIN POIRIER naquit le 8 janvier 1724, d'une de ces familles honorables qui composoient ce qu'on appeloit la bonne bourgeoisie de Paris, et qui conservoient, au milieu du luxe et de la corruption, les vertus modestes et les mœurs simples et pures qu'elles avoient reçues de leurs ancêtres. La nature l'avoit doué d'une grande activité d'esprit, d'une ardeur de s'instruire qui se manifesta presque en même temps que sa raison, et d'une mémoire facile et qui ne laissoit rien perdre de ce qu'il lui confioit. Avec ces qualités, il n'est point étonnant qu'à quatorze ans et demi il eût achevé, même avec distinction, le cours entier de ses études, et qu'à cet âge, où les passions encore muettes laissoient à la première ferveur de la piété et à son amour pour l'étude un empire absolu sur son ame, il ait desiré d'embrasser un état dans lequel il pourroit, à l'abri de toute sollicitude, se livrer à l'une et à l'autre sans distraction et sans réserve. L'éclat que répandoient sur la congrégation de Saint-Maur, les Mabillon, les Dachery, les Montfaucon, et tant d'autres savans qui ont illustré par d'immenses et utiles travaux leur ordre et la nation, eut bientôt fixé son choix. Il fut admis avec joie dans cette congrégation célèbre; et après les épreuves ordinaires, il prononça ses vœux à Saint-Faron de Meaux, le 10 mars 1740.

D. Poirier se consacra alors tout entier, suivant l'usage, aux études ecclésiastiques; et ses progrès furent si rapides, qu'au bout de peu d'années il fut jugé digne de diriger les jeunes religieux dans ces mêmes études. Il professa successivement la philosophie et la théologie; et dans un temps où les querelles du jansénisme et du molinisme avoient porté le trouble dans tous les corps ecclésiastiques séculiers et réguliers, et exaspéré les esprits au point que le sarcasme et la satire étoient devenus les armes ordinaires des deux partis, il est peut-être remarquable qu'un théologien de vingt ans ait eu la modération de soutenir, dans un traité qu'il composa exprès pour ses élèves, l'obligation de se soumettre à l'autorité de l'Église, sans s'écarter de la décence et de la charité chrétienne, et sans insulter ni damner ses adversaires. Sorti honorablement de cette lutte périlleuse, il eut le bonheur de sortir aussi bientôt après de l'arène théologique, où il n'étoit entré que par devoir, et où il ne pouvoit donner que des momens très-courts aux études qui étoient de son goût. Il fut nommé secrétaire du visiteur général de la province de France. C'est alors seulement qu'il lui fut possible de faire les premiers pas dans la carrière qu'il brûloit de parcourir, et dont il n'avoit encore pu qu'entrevoir de loin l'étendue. Pendant le séjour qu'il étoit obligé de faire presque annuellement dans chacun des monastères de cette province, il employoit à compulser les bibliothèques et les livres, à fouiller et examiner les chartriers, tout le temps que lui laissoient ses fonctions auprès du visiteur ; et un solitaire qui ne donnoit que peu d'heures au repos et aux besoins de la nature, qui n'en donnoit aucune à la dissipation, et qui trouvoit dans l'observance de ses pratiques religieuses un délassement suffisant à ses travaux, avoit beaucoup de temps à donner à l'étude.

La place qu'occupoit D. Poirier auprès du visiteur général, étoit un acheminement certain aux dignités de la congrégation : mais il étoit bien loin d'avoir le desir de commander aux autres ; la seule ambition dont il fût animé en entrant dans l'ordre de Saint-Benoît, étoit de marcher sur les traces des savans que cet ordre avoit produits. Aussi le vit-on, quand il cessa d'être secrétaire du visiteur général, renoncer pour toujours aux emplois qui donnoient de l'autorité, et, content d'obéir et d'étudier, briguer comme une grande faveur la place laborieuse de garde des archives de l'abbaye de Saint-Denis. Ces archives, comme celles de la plupart de ces antiques monastères, n'étoient pas seulement le dépôt des titres de propriété et des actes de l'histoire de l'abbaye, elles contenoient encore un grand nombre de monumens de notre histoire générale ; et d'ailleurs les pièces particulières étoient elles-mêmes, pour la plupart, autant de monumens qui portoient l'empreinte plus ou moins forte des lois, des mœurs, des usages, du gouvernement de la nation, ainsi que de l'état des personnes des diverses classes dont elle étoit composée dans les différens siècles de la monarchie. D. Poirier travailla sans relâche à extraire et à inventorier ce nombre immense d'actes de toute espèce, afin de les classer dans un meilleur ordre que celui où il les avoit trouvés ; et comme il étoit impossible, même à un homme beaucoup moins avide d'instruction que lui, d'être sans cesse au milieu de ces sources vénérables et primitives de l'histoire de nos pères, sans en être en quelque sorte pénétré de toutes parts, il y acquit ces connoissances aussi variées qu'étendues et profondes, qui le firent choisir, vers l'année 1762, pour travailler à la continuation du Recueil des historiens de France.

Cette nouvelle collection, beaucoup plus étendue et plus complète que celle qu'avoit donnée dans le siècle précédent le savant André Duchesne, par le nombre prodigieux de monumens découverts depuis cette époque, est un des ouvrages les plus importans que nous devions à la congrégation de Saint-Maur, et qui lui assurent le plus de droits à l'estime et à la reconnaissance publiques. Quel service plus signalé pouvoit-elle rendre, en effet, que de rassembler et de réunir en un corps tous les titres originaux de notre histoire, pour la plupart ignorés et ensevelis jusqu'alors dans les chartriers et dans les bibliothèques; de faire revivre, en quelque sorte, tous les âges et toutes les générations de la France, et de les mettre ainsi pour toujours à la disposition de l'homme de génie

(8)

qui saura les apprécier et les juger, et tracer d'une main habile et assurée l'imposant et magnifique tableau d'un grand peuple qui est resté entier et immuable au milieu des bouleversemens des autres peuples de l'Europe, et qui, depuis près de quinze siècles, conserve son nom, son caractère, son territoire et sa puissance, malgré les guerres étrangères presque continuelles qu'il a eu à soutenir, et les dissensions intestines mille fois plus destructives encore que les guerres? Cet homme a manqué au siècle de Louis XIV; il est sans doute réservé au nôtre : les vœux de Bonaparte l'appellent; ils ne seront point vains : le génie fait éclore le génie. Louis XIV est entré dans la postérité, entouré d'une foule de grands hommes enfantés par le sien : celui de Bonaparte ne sera ni moins puissant ni moins fécond; et le Héros qui a opéré tant de prodiges et fourni tant de nobles pages à l'histoire, fera naître parmi nous un historien digne de lui et de la nation qu'il gouverne avec tant de gloire.

Lorsque D. Poirier fut chargé de travailler au nouveau recueil de nos historiens, le savant et infatigable D. Bouquet, qui avoit eu le courage de l'entreprendre seul, avoit déjà publié les neuf premiers volumes, et laissé à sa mort (en 1754) le dixième volume en état d'être donné au public. Depuis cette époque, plusieurs continuateurs s'étoient exercés sur le onzième volume, qui devoit contenir le règne de Henri I.er; et leurs efforts n'avoient réussi qu'à prouver leur incapacité. Le dernier, sans être beaucoup plus habile que ses prédécesseurs, eut du moins le mérite de sentir ce qui lui manquoit, et invoqua le secours de D. Poirier, qui répara, autant qu'il étoit possible, par des notes et des supplémens, les erreurs et les omissions qu'ils avoient commises dans la partie qu'ils avoient fait imprimer, rassembla et disposa les matériaux nécessaires pour compléter ce volume, et le mit dans l'état où nous l'avons. Il est sur-tout recommandable par une excellente préface, qui en forme presque le quart, et qui contient beaucoup de faits nouveaux ou peu connus et une foule d'observations intéressantes, et qui est peut-être l'ouvrage le plus solide et le meilleur que nous ayons sur le gouvernement de la France au commencement de la troisième race de ses rois.

Cet heureux début assuroit à D. Bouquet un digne continuateur; et l'âge de D. Poirier faisoit espérer qu'il auroit le temps d'achever cette belle et grande entreprise. Le sort en ordonna autrement : l'impression des monumens historiques du règne de Henri I.er n'étoit pas terminée, que D. Poirier, cédant à l'esprit de vertige que l'intrigue et la cupidité avoient répandu dans l'abbaye de Saint-Germain-des-Prés, signa une requête présentée au roi en 1765, par laquelle un grand nombre de religieux de cette maison demandoient qu'on fît, dans le régime, des changemens qui, contre l'intention de la plupart d'entre eux, auroient fait perdre à la congrégation, au profit des auteurs des troubles et des instigateurs de cette démarche au moins imprudente, une partie des riches bénéfices qu'elle possédoit, et auroient infailliblement entraîné sa ruine. Le roi ayant rejeté la requête, ceux qui l'avoient signée s'empressèrent de se rétracter, et furent dispersés dans différentes maisons. D. Poirier, et le compagnon ou plutôt le témoin de son travail, car on sait qu'il n'y prenoit aucune part active, eurent seuls, en considération de ce travail, la faculté de rester à l'abbaye Saint-Germain. Il auroit pu continuer de s'y livrer en paix dans cette maison, et attendre du temps et de son mérite l'oubli et le pardon de son erreur : mais soit que les obstacles eussent irrité

son caractère naturellement bouillant et impé-
tueux, soit qu'il lui parût insupportable de vivre
sans cesse avec des hommes pour qui il avoit pu
être un objet de scandale, il résolut de sortir de
la congrégation, et il obtint, ainsi que son compagnon dont nous venons de parler, des bulles
d'abbé *in partibus*, et ensuite sa translation dans la
congrégation des Bénédictins d'Alsace. D. Poirier
s'étoit flatté qu'il pourroit emporter les matériaux
qu'il avoit rassemblés pour le recueil des historiens, et le continuer en son nom : mais le supé-
rieur général prétendit, avec raison, que cet ouvrage appartenoit au corps, et remit les matériaux
au laborieux auteur de l'Art de vérifier les dates,
D. Clément, qui, avec le secours de D. Brial qu'il
s'associa, en a publié les douzième et treizième
volumes. Nous avons la satisfaction d'annoncer
que ce travail, interrompu par le malheur des
temps, a été repris par ordre du Gouvernement, et
confié, sous la surveillance de la classe, au savant
associé de D. Clément, qui fait imprimer le qua-
torzième volume, et qui prépare les suivans; et
qu'ainsi l'on a lieu d'espérer de voir enfin terminer
cette utile et importante collection.

Cependant D. Poirier, rentré dans le monde,

auquel il étoit étranger ; obligé de changer de manière de vivre et de contracter de nouvelles habitudes, sous peine de paroître un peu étrange, assujetti à de nouveaux devoirs et à un nouveau costume, privé de l'objet de ses goûts et de ses études, n'ayant plus l'usage habituel d'une grande bibliothèque, fatigué de ses nouvelles occupations, plus fatigué encore de ses loisirs involontaires, ne tarda pas à sentir que le bonheur n'étoit pas pour lui là où il avoit espéré de le trouver, et qu'il s'en étoit éloigné en croyant l'atteindre. Bientôt il regretta l'asile où il avoit joui si long-temps de la tranquillité et de lui-même ; il ne lui fut plus possible de résister au desir de renouer les nœuds qu'il se repentoit d'avoir rompus ; il sollicita comme une grâce de rentrer dans la congrégation d'où peu d'années auparavant il étoit sorti avec tant de joie, et courut échanger la crosse et les autres ornemens de la prélature contre l'humble habit de S. Benoît, dans le même monastère de Saint-Faron où il avoit prononcé ses premiers vœux, et où tout lui rappeloit sa première ferveur. Pendant le séjour qu'il fit dans ce monastère, et ensuite dans celui d'Argenteuil, il parut s'occuper presque uniquement de l'étude de la nature, et particulièrement de la botanique; mais quoiqu'il eût fait quelques progrès dans cette science, il n'avoit pour elle qu'une inclination passagère et de circonstance, qui s'évanouit, lorsqu'étant nommé (vers 1780) garde des archives de Saint-Germain-des-Prés, il se trouva de nouveau à portée de se livrer au goût dominant qu'il avoit depuis sa jeunesse pour l'histoire de France.

Le Gouvernement ayant formé, à cette époque, sous la direction du garde-des-sceaux, un comité composé des hommes de lettres les plus versés dans la connoissance des monumens historiques et de la diplomatique, pour préparer une collection générale des diplomes et des chartes du royaume, à l'instar de celle que Rymer avoit faite pour l'Angleterre, D. Poirier y fut aussitôt appelé; et aucun des membres n'y apporta plus de lumières et de zèle, et ne contribua plus efficacement que lui à ce travail, que la révolution a fait abandonner, et dont une partie a été dispersée, et l'autre transportée en désordre à la Bibliothèque nationale.

Il ne montra pas moins d'activité et d'ardeur, lorsqu'il fut nommé par le roi à l'Académie des belles-lettres, dans la classe d'associés libres résidens, créée en 1785, dans l'intention d'y admettre

des réguliers distingués par leur savoir, et, en pro-
posant ce but à l'émulation de tous, de ranimer
parmi eux le goût de l'étude, qui s'affoiblissoit sen-
siblement, même dans les corps où il avoit été
le plus en vigueur. D. Poirier lut à l'Académie
plusieurs mémoires, presque tous relatifs à l'histoire de France. Dans l'un il examine le récit
des historiens anciens et modernes sur l'avé-
nement de Hugues Capet au trône, et prouve,
contre l'opinion de plusieurs savans, que si ce
prince étoit assez puissant pour s'en emparer, il le
dut néanmoins au choix des grands; et que si ses
premiers successeurs reçurent de leur naissance
l'aptitude à la royauté, l'élection seule leur donna
la couronne. Il recherche dans un autre les cir-
constances et les véritables causes de la mort de
François de Bourbon comte d'Enghien, tué à la
Roche-Guyon en 1546, et fait voir que cette mort
doit être imputée à l'imprudence trop ordinaire
dans les jeux militaires usités alors, et nullement à
un coup prémédité, dans lequel seroient impliqués
le roi Henri II et François de Guise. Les nouveaux
éclaircissemens qu'il donna ensuite sur Guillaume
de Nangis et ses continuateurs, sont d'une utilité
plus générale, et répandent un nouveau jour sur

plusieurs points de l'histoire de la fin du XIII.ᵉ et du commencement du XIV.ᵉ siècle. Mais le plus grand travail et le plus intéressant que D. Poirier ait offert à l'Académie, est son examen historique et critique de l'Histoire de Charles VI, écrite en latin par un moine connu sous le titre d'*Anonyme de Saint-Denis*, et dont une partie a été traduite en français par le Laboureur et publiée en 1663. Cet ouvrage, très-considérable, sans être trop long, est rempli de recherches aussi étendues que multipliées sur le règne malheureux de ce prince, et présente une suite non interrompue d'observations et de remarques judicieuses et savantes, au moyen desquelles on pourroit, presque sans peine, faire jouir le public du texte original et entier d'un historien très-estimable, qui mériteroit d'être plus connu qu'il ne l'a été jusqu'à présent.

Si, pendant la révolution, il a cessé presque entièrement de s'occuper des recherches et des travaux auxquels il avoit consacré sa vie, il n'en a pas servi moins utilement les lettres. Nommé successivement membre de la commission des monumens nationaux et de la commission temporaire des arts, il a constamment mis à conserver les objets de ses études, le même zèle et la même ardeur que, dans des temps plus heureux, il avoit mis à les connoître et à les étudier. On doit à ses instances et aux renseignemens qu'il ne se lassoit point de donner et de réitérer, la conservation d'un grand nombre d'ouvrages précieux, imprimés ou manuscrits, qui existoient, sur-tout dans les établissemens religieux répandus sur la surface de la France, et qui sans lui auroient disparu pour toujours. On lui doit aussi la conservation des tombeaux des princes de la famille de S. Louis, qu'il fut chargé de faire transférer de l'abbaye de Royaumont, au moment où on alloit la démolir, à l'abbaye de S.-Denis, et un mémoire intéressant et qui est presque tout ce qui reste de ce superbe monument de la piété religieuse et filiale d'un des plus grands et des meilleurs rois qu'ait eus la France. Son zèle conservateur eut souvent besoin d'être soutenu par un grand courage, pour arracher au fanatisme de l'ignorance et de la barbarie, des monumens des lettres, des sciences et des arts dont il avoit fait sa proie, et qu'il avoit condamnés à la destruction. Combien ne lui en fallut-il pas, lorsqu'il vit les préparatifs de l'affreuse journée du 2 septembre 1792, pour rester à l'abbaye Saint-Germain, au milieu des massacres dont il couroit risque d'être la victime, dans le seul espoir qu'un homme préposé par la loi à la conservation des monumens des sciences et des arts pourroit préserver le dépôt littéraire que renfermoit cette maison, dans le cas où la fureur populaire tenteroit de le violer ? N'eut-il pas encore besoin d'une autre espèce de courage, et peut-être plus rare, après le terrible incendie qui dévora la bibliothèque le 20 août 1794, et qui, en détruisant le logement et les effets des bibliothécaires, les contraignit d'aller chercher ailleurs un asile, pour se charger de la garde des manuscrits que la flamme avoit épargnés ; pour rester seul, comme Cassandre* sur les ruines d'Ilium, dans une maison déserte et dévastée, et passer l'hiver rigoureux qui suivit cette catastrophe, sans feu, presque sans meubles, mal vêtu, dénué de tout, exposé à toutes les intempéries de la saison, dans une chambre sans toit, dont les planchers menaçoient ruine, et à laquelle il ne pouvoit arriver qu'à travers les décombres, par un escalier dont la couverture avoit été consumée, et où les eaux des toits voisins se réunissant, for-moient, dans les temps pluvieux, un torrent dif-ficile à franchir, et pendant la gelée un vaste glacier qu'il ne pouvoit gravir qu'à genoux et s'appuyant sur ses mains ? Il ne quitta ce repaire, plus propre à loger un animal abject qu'un homme, qu'au milieu de l'année suivante, lorsqu'il eut fait transporter à la Bibliothèque nationale le dépôt dont la garde lui avoit coûté tant de peines, accompagné d'un nouveau catalogue qu'il en avoit fait pour en faciliter l'usage, et pour adoucir par le travail le sentiment pénible de ses besoins, de ses privations et de sa détresse. Le cœur est douloureusement oppressé, quand on pense au prix que cet homme, aussi modeste que savant, mettoit à tant de services : pauvre et plus que septuagénaire, il demandoit, pour toute récompense, une retraite dans un de ces asiles ouverts par l'humanité à la vieillesse indigente et abandonnée ; il sollicitoit une place dans un hospice de vieillards, lorsque le Gouvernement, plus-juste envers lui qu'il ne l'étoit lui-même, le nomma d'abord employé et ensuite sous-bibliothécaire à la bibliothèque de l'Arsenal. Germain Poirier, rendu en quelque sorte à la vie par une place dont le revenu étoit plus que suffisant pour ses besoins, et dont les fonctions étoient analogues à ses penchans, n'avoit plus de souhaits à former, et ne songeoit qu'à terminer paisiblement sa carrière, comme il l'avoit commencée, au milieu des livres : mais l'Institut national, non moins juste que le Gouvernement, et persuadé qu'il s'honoroit lui-même en honorant le mérite et la vertu, voulut placer une seconde fois la couronne académique sur la tête de ce respectable vétéran, et l'admit, en l'an 8, au nombre de ses membres, dans la section d'histoire. Il n'a pas joui long-temps de cette noble récompense, qui, en répandant de la douceur et du charme sur sa vie, auroit dû la prolonger ; il n'a pas même eu la satisfaction de se retrouver réuni, dans cette enceinte, à ses anciens confrères de l'Académie, que le Gouvernement, en donnant une nouvelle organisation à l'Institut, venoit d'y appeler tous à-la-fois. Une mort inattendue et qu'aucun symptôme précurseur n'avoit annoncée, l'a enlevé peu de jours avant que cette mesure ait reçu son exécution. Le 13 pluviôse an 11, on l'avoit entendu psalmodier son office du soir, suivant son usage journalier, avant de se coucher : le lendemain matin, comme on ne le vit point paroître à l'heure accoutumée, on entra dans sa chambre, et on le trouva étendu, tout habillé, sur son lit, ayant près de lui une lumière qu'il paroissoit avoir allumée quelques heures auparavant. Ainsi mourut, dans sa soixante-dix-neuvième année, un des derniers savans de la congrégation de Saint-Maur : elle a puissamment contribué, pendant sa courte durée, à dissiper les ténèbres épaisses qui couvroient les antiquités et l'histoire du moyen âge ; et le confrère que nous regrettons est une des dernières étincelles qui aient jailli de ce flambeau prêt à s'éteindre. Il a laissé, indépendamment des ouvrages que nous avons indiqués, plusieurs porte-feuilles remplis d'extraits, de notes, de renseignemens, de matériaux de toute espèce, dont il comptoit faire usage et qui méritent d'être conservés. Sa famille, conformément à ses intentions, les a déposés à la Bibliothèque nationale, où les amateurs de notre histoire pourront toujours les consulter.

Germain Poirier joignoit à un savoir devenu très-rare, une modestie qui ne l'étoit pas moins ; il travailloit pour le plaisir de travailler, et pour satisfaire le besoin qu'il avoit de s'instruire, sans desirer d'en recueillir d'autre fruit : de là vient sa facilité à communiquer ses recherches aux gens de lettres qui avoient recours à lui, à les leur abandonner même entièrement, sans espoir d'aucun retour. Quelqu'un lui témoignant un jour sa surprise de ce qu'il n'étoit pas même

nommé dans un ouvrage auquel il avoit eu beaucoup de part : « Je m'y suis opposé, répondit-il.
» J'ai appris des choses que je ne savois pas; j'ai
» employé mon temps utilement pour les lettres
» et pour un homme que j'estime : il est mon
» obligé; je serois le sien s'il avoit parlé de moi. »
Sa simplicité extérieure annonçoit celle de son
ame et alloit même jusqu'à la négligence. Depuis
la destruction des ordres religieux, un habit de l'é-
toffe la plus grossière étoit son seul vêtement pour
toutes les saisons; et il le portoit jusqu'à ce qu'il
fût absolument hors d'état de servir. Sa sobriété et
sa tempérance n'étoient pas moins remarquables.
Les légumes les plus communs, cuits sans assai-
sonnement et même sans sel, du pain et de l'eau,
étoient sa seule nourriture. Ceux qui savoient
qu'il jouissoit depuis long-temps d'un traitement
assez considérable pour vivre d'une tout autre
manière, ne lui connoissant d'ailleurs aucun goût
dispendieux, pouvoient le soupçonner d'avoir le
goût contraire. Sa mort seule a révélé le secret
des vertus qu'il cachoit avec autant de soin qu'il
en auroit pu mettre à cacher des défauts. Les témoignages de gratitude et les bénédictions des
pauvres avec lesquels il partageoit sa fortune, et

dont plusieurs étoient d'anciens religieux de son ordre, témoignages écrits et trouvés, avec quelques pièces de monnoie, dans son secrétaire, étoient tout son trésor : il étoit mal vêtu pour empêcher qu'ils ne fussent nus ; il vivoit de privations pour pouvoir les nourrir ; il se faisoit volontairement pauvre pour soulager leur pauvreté. Ses dépenses ne s'élevoient jamais au-dessus de quatre ou cinq cents francs par an ; le reste de son revenu appartenoit à l'indigence et à l'amitié. On a trouvé aussi derrière des livres quelques paquets d'argent avec la note des sommes et le nom des personnes à qui ils étoient destinés. Sa sœur, qui est son unique héritière, et dont la fortune est totalement anéantie, pouvoit s'approprier ces foibles sommes : mais, quoique privée d'aisance, elle s'est crue trop riche pour ne pas réaliser les intentions de son frère ; les paquets ont été fidèlement remis à leur adresse. Rapporter ce fait qui associe la sœur à la bienfaisance du frère, c'est la signaler à l'estime des amis de la vertu et de l'humanité.

Qu'il me soit permis, en terminant cette notice, de dire que Germain Poirier a été un de mes premiers maîtres, que c'est lui qui m'a initié à la connoissance de la diplomatique et des monumens de notre histoire, qu'il m'a donné dans ma jeunesse des leçons assidues, avec autant de zèle que s'il avoit travaillé pour sa propre instruction ou pour sa renommée; et de me féliciter de ce qu'en remplissant un des devoirs de la place dont j'ai été honoré par l'estime et l'indulgente bienveillance de mes confrères, j'acquitte en même temps envers lui, autant qu'il est en moi, la dette sacrée de la reconnaissance et de l'amitié.

FIN.

IMPRIMÉ

Par les soins de J. J. MARCEL, Directeur de l'Imprimerie de la République.